Backen im
TONTOPF

Elisabeth Bangert

Backen im
TONTOPF

EDITION XXL

Vorwort

Schon unsere Vorfahren erkannten die Vorzüge des Tontopfes bei der Zubereitung von Speisen im Backofen: Die Jäger früherer Zeiten hüllten ihre Beute in einen Tonmantel, um sie in der Asche über offenem Feuer zu garen. Perfektioniert wurde das Garen der Nahrung im eigenen Saft in Tontöpfen durch die Römer.

Das Zubereiten von Speisen in Tontöpfen ist in den letzten Jahren in Vergessenheit geraten. Seit einiger Zeit allerdings werden Töpfe aus Ton nicht nur zur Pflanzenzucht, sondern auch zum Basteln benutzt. Diesen Trend habe ich mit dem Wissen unserer Vorfahren verknüpft und dabei festgestellt, wie einfach, kreativ und vor allen Dingen preiswert man in Tontöpfen backen kann.

Schließlich ist der Gang zum Bäcker oder das Kaufen von Gebäck, welches gerade im Supermarkt-Regal liegt, heute nicht mehr so selbstverständlich. Und bevor Sie sich immer wieder über das langweilige Angebot oder die überhöhten Preise ärgern, backen Sie lieber etwas Leckeres im Tontopf.

Verwöhnen oder beschenken Sie Ihre Familie und Ihre Freunde mit wenig Aufwand, aber mit Gelinggarantie: Bleibt der Inhalt zu lange im Ofen, hat dies so gut wie keine Auswirkungen, da der Topf das Austrocknen durch die in ihm gespeicherte Feuchtigkeit verhindert. Außerdem kann nichts anbrennen!

Überlegen Sie einmal, wie viel Sie ein Brot im Laden kostet oder sogar die Anschaffung eines teuren Brotbackautomaten: Für ein Brot aus dem Tontopf benötigen Sie nur eine Brotbackmischung und etwas Wasser und kommen so im Handumdrehen für etwa 80 Cent zu einem Brot von 1,5 kg!

Doch nicht nur Brot lässt sich im Tontopf zubereiten. Auch leckere Kuchen und Torten in den verschiedensten Größen, mit Früchten, Schokolade oder auch mal mit „Schuss" verzaubern die Leckermäuler unter uns durch Geschmack und eine außergewöhnliche Form.

Probieren Sie es doch einfach aus!

Ihre Elisabeth Bangert

Inhalt

Ratgeber

Der Tontopf

Tontöpfe können Sie unbedenklich verwenden. Sie bestehen aus Lehm, Wasser und Formöl, das bei der Herstellung mit 1 070° C vollständig verbrennt. Bitte verwenden Sie ausschließlich neue Tontöpfe, die nicht glasiert oder lackiert sind.

Es gibt die Töpfe bereits ab einem Durchmesser von 3 cm, die allerdings zum Befüllen zu klein sind. Solche kleinen Töpfe können nicht auf das Gitter des Backofens gestellt werden, da sie umkippen. Verwenden Sie in diesem Fall ein Kuchenblech.

Natürlich können Sie auch Ihre Lieblingsrezepte verwenden. Indem Sie Ihre Backform mit Wasser füllen und abmessen, wie viel cm³/ml hineinpassen, ermitteln Sie die benötigte Teigmenge.

Der Inhalt der Tontöpfe entspricht:

Durchmesser der Tontöpfe

Außenmaß:	Inhalt
5 cm	**50 cm³/ml**
7 cm	**100 cm³/ml**
9 cm	**225 cm³/ml**
11 cm	**500 cm³/ml**
15 cm	**1 300 cm³/ml**
20 cm	**2 500 cm³/ml**

Als kleinste Größe empfehle ich 5 cm Durchmesser, als größte Größe 20 cm, da größere Töpfe in der Regel nicht in haushaltsübliche Backöfen passen.

Beachten Sie bitte, dass über dem Topf noch ausreichend Platz sein muss, damit der Kuchen aufgehen kann.

Bei den Tonschalen (Untersetzer) passen zum Beispiel drei Schalen à 17 cm Außenmaß in einen Backofen.

Der 20-cm-Tontopf entspricht der Teigmenge einer Gugelhupfform mit einem Durchmesser von 22 cm.

Obwohl bei jedem Rezept Backpapier aufgeführt ist, können Sie die Töpfe auch einfetten. Das Wasserloch im Topf muss allerdings immer mit Backpapier belegt werden, damit der Teig nicht durch die Öffnung läuft. Wenn es einmal schnell gehen soll, können Sie auch im Tontopf backen, ohne ihn zuvor in Wasser eingeweicht zu haben. Vor dem ersten Gebrauch sollte man die Töpfe auf jeden Fall mit kochendem Wasser übergießen, damit Staub oder lose Tonteile abgespült werden.

Die größte Schale sollte höchstens 35,5 cm Außenmaß haben.

Mit Backpapier auslegen ist ganz einfach!

1   2   3   4   5

❶ Den Topf in das Backpapier rollen.

❷ Das Backpapier am oberen Rand abschneiden.

❸ Das Backpapier am Topfboden abschneiden.

❹ Das Backpapier in den Topf stellen. Mit einem Bleistift den Topfboden auf einem Abfallstück anzeichnen.

❺ Nach dem Bleistiftstrich den Boden etwas kleiner rund ausschneiden.

Am einfachsten ist es, wenn man sich für jede Tontopfgröße eine Schablone herstellt und aufbewahrt, die man bei Bedarf jeweils auf das Backpapier legt, anzeichnet und ausschneidet. Noch schneller geht es, wenn man mehrere Lagen Backpapier vor dem Anzeichnen und Ausschneiden übereinander legt. Das ist besonders bei den kleinen Töpfen empfehlenswert. Die Tonschalen legen Sie einfach umgedreht auf das Papier, zeichnen den Kreis mit Bleistift nach und schneiden ihn aus.

Das Papier wird nur in die Schale gelegt. Am Rand wellt es sich leicht und formt den Rand des Kuchens dann entsprechend.

Systeme im herkömmlichen Backofen

Ober- und Unterhitze: Bei dieser konventionellen Betriebsart wird die Wärme von oben und von unten an das Backwerk herangeführt.

Heißluft: Diese Betriebsart arbeitet mit einem heißen Luftstrom. Das Gebläse an der Rückwand saugt die Luft aus dem Backofenraum an, führt sie über den Heizkörper und bläst die erhitzte Luft durch die Öffnungen in der Rückwand wieder zurück.
Bei Heißluft kann auf mehreren Ebenen gleichzeitig gebacken werden. Das ist besonders bei den kleinen Tontöpfen sehr interessant.

Schneebesen

Bei der Angabe Schneebesen ist in der Regel das elektrische Handrührgerät oder die elektrische Küchenmaschine gemeint. Benutzen Sie das Gerät, mit dem Sie am liebsten arbeiten.

Eiweiß zu Eischnee schlagen

Besonders wichtig ist dabei, dass alle Geräte und Schüsseln absolut fettfrei sind. Wenn man bei Rezepten, für die Eischnee benötigt wird, als Erstes den Eischnee schlägt, solange noch alle Geräte sauber sind, spart man sich hierdurch einen Spülvorgang.

Sie brauchen:

4 Tontöpfe,
Durchmesser
ca. 9 cm,
Backpapier

Zutaten

Für den Teig:
60 g weiche Margarine
60 g Zucker
1/2 TL getrocknete
Orangenfrucht
1 Prise Salz
1 Ei Größe M
3–4 EL Milch
80 g Mehl Type 405

40 g Stärkemehl
1 TL Backpulver
50 g gemahlene
Haselnusskerne
50 g gehackte dunkle
Schokolade

Zum Verzieren:
150 g Haselnussglasur
Haselnuss-Krokant

Zubereitung:

1. Das Backpapier für die Tontöpfe vorbereiten und beiseite legen. Die Töpfe am besten in einem Eimer mit kochendem Wasser übergießen und im Wasser stehen lassen.

2. Den Rost im Backofen in die mittlere Schiene schieben. Den Backofen auf 190° C vorheizen, Heißluft auf 175° C, Gas Stufe 2.

3. Die Margarine und den Zucker mit den Schneebesen des Handrührgerätes schaumig rühren, bis sich der Zucker aufgelöst hat. Die Orangenfrucht, das Salz, das Ei und die Milch nach und nach einrühren.

4. Das Mehl und das Backpulver durchsieben und zusammen mit dem Stärkemehl in die Teigmasse einrühren. Zügig zu einem glatten Teig verarbeiten.

5. Die Haselnusskerne und die Schokolade mit einem Rührlöffel unter die Teigmasse heben.

6. Die Tontöpfe aus dem Wasser nehmen und mit dem vorbereiteten Backpapier auslegen.

7. Die Teigmasse gleichmäßig in die Töpfe verteilen und diese in die Mitte auf den Rost des Backofens stellen. Ca. 45 Minuten backen. Die Töpfe herausnehmen und auf ein Kuchengitter stellen. Nach fünf Minuten die Kuchen mithilfe des Backpapiers herausheben, damit sie nicht feucht werden. Auf einem Kuchengitter abkühlen lassen. Danach vorsichtig das Backpapier abziehen.

8. Die Haselnussglasur im heißen Wasserbad erwärmen und mit einem Kuchenpinsel gleichmäßig auf den Kuchen verstreichen. Sofort mit Krokant bestreuen.

TIPP:
Für Krokant-Liebhaber! Krokant auf einen flachen Teller streuen und – solange die Glasur noch weich ist – die Kuchen darin rollen.

Zutaten

Für den Teig:

100 g Butter
100 g Zucker
1/2 Päckchen
Vanillinzucker
150 g Mehl Type 405
1/2 Päckchen
Vanillepudding

1/2 Päckchen Backpulver
1 Prise Salz
2 Eier Größe M
125 ml Milch
1–2 TL Kakao

Zubereitung:

1. Das Backpapier für die Tontöpfe vorbereiten und beiseite legen. Die Töpfe am besten in einem Eimer mit kochendem Wasser übergießen und im Wasser stehen lassen.

2. Den Rost im Backofen in die unterste Schiene schieben. Den Backofen auf 190° C vorheizen, Heißluft auf 175° C, Gas Stufe 2.

3. Die Butter, den Zucker und den Vanillinzucker mit den Schneebesen des Handrührgerätes schaumig rühren, bis sich der Zucker aufgelöst hat. Die Eier nach und nach unterschlagen.

4. Das Mehl zusammen mit dem Backpulver und dem Vanillepuddingpulver in eine Schüssel sieben, mit einer Prise Salz zur Eiermasse geben und mit der Milch zu einem glatten Teig rühren.

5. Den Teig in zwei Hälften teilen. Über die eine Hälfte den Kakao sieben und unterrühren.

6. Die Tontöpfe aus dem Wasser nehmen und mit dem vorbereiteten Backpapier auslegen.

7. Zuerst den hellen und dann den dunklen Teig in die Töpfe geben. Mit einer Gabel in der Mitte des dunklen Teiges ansetzen und rechtsherum in den hellen Teig drehen, dadurch entsteht im Inneren die Marmorierung.

8. Die Töpfe in die Mitte auf den Rost des Backofens stellen und ca. 45 Minuten backen. Die Töpfe herausnehmen und auf ein Kuchengitter stellen. Nach fünf Minuten die Kuchen mithilfe des Backpapiers herausheben, damit sie nicht feucht werden. Auf dem Kuchengitter abkühlen lassen. Danach vorsichtig das Backpapier abziehen.

TIPP:

Nach Belieben können die Kuchen vor dem Servieren noch mit Puderzucker bestäubt oder mit einer Kuchenglasur verziert werden.

Sie brauchen:

4 Tontöpfe,
Durchmesser
ca. 9 cm,
Backpapier

Zutaten

Für den Teig:
60 g Margarine
60 g Zucker
1 Ei Größe M
125 g Natur-Jogurt
130 g Schnellmehl
oder Mehl Type 405

1/2 Päckchen Backpulver
1 Msp. Natron
140 g Mohnback
50 g Rosinen

Zubereitung:

1. Das Backpapier für die Tontöpfe vorbereiten und beiseite legen. Die Töpfe am besten in einem Eimer mit kochendem Wasser übergießen und im Wasser stehen lassen.

2. Den Rost im Backofen in die mittlere Schiene schieben. Den Backofen auf 190° C vorheizen, Heißluft auf 175° C, Gas Stufe 2.

3. Die Rosinen waschen und in heißem Wasser einweichen.

4. Die Margarine und den Zucker mit dem Schneebesen rühren, bis sich der Zucker aufgelöst hat. Das Ei und den Jogurt zugeben und gleichmäßig verrühren.

5. Das Mehl, das Backpulver und die Msp. Natron durchsieben und zu der Teigmasse geben. Zügig zu einem glatten Teig verrühren.

6. Die Rosinen durch ein Sieb abgießen, dann auf ein Küchenpapier schütten und trockentupfen. Zusammen mit der fertigen Mohnbackmischung zum Teig geben und kurz unterrühren.

7. Die Tontöpfe aus dem Wasser nehmen und mit dem vorbereiteten Backpapier auslegen.

8. Die Teigmasse gleichmäßig in die Töpfe verteilen und diese in die Mitte auf den Rost des Backofens stellen. Ca. 45 Minuten backen. Die Töpfe herausnehmen und auf ein Kuchengitter stellen. Nach fünf Minuten die Kuchen mithilfe des Backpapiers herausheben, damit sie nicht feucht werden. Auf dem Kuchengitter abkühlen lassen. Danach vorsichtig das Backpapier abziehen.

TIPP:
Einen neuen Tontopf mit einer Serviette auslegen und den ausgekühlten Kuchen hineinsetzen. Mit Klarsichtfolie verpacken – und schon ist ein nettes Geschenk für die Freundin fertig.

4 Tontöpfe,
Durchmesser
ca. 9 cm,
Backpapier

Zutaten

Für den Teig:

65 g weiche Margarine
50 g Zucker
1 TL Vanillinzucker
1 Prise Salz
2 Eier Größe M

125 g Mehl Type 405
1 TL Backpulver
1 EL Kakaopulver
50 ml Milch
2 EL Nutella
50 g gemahlene Mandeln

Zubereitung:

1. Das Backpapier für die Tontöpfe vorbereiten und beiseite legen. Die Töpfe am besten in einem Eimer mit kochendem Wasser übergießen und im Wasser stehen lassen.

2. Den Rost im Backofen in die mittlere Schiene schieben. Den Backofen auf 190° C vorheizen, Heißluft auf 175° C, Gas Stufe 2.

3. Die Margarine, den Zucker und den Vanillinzucker mit einem Schneebesen schaumig rühren, bis sich der Zucker aufgelöst hat. Die Eier und das Salz nach und nach einrühren.

4. Das Mehl, das Backpulver und das Kakaopulver durchsieben und zusammen mit der Milch zügig in die Teigmasse einrühren.

5. Die gemahlenen Mandeln und das Nutella mit dem Schneebesen in die Teigmasse einrühren, bis das Nutella gleichmäßig verteilt ist.

6. Die Tontöpfe aus dem Wasser nehmen und mit dem vorbereiteten Backpapier auslegen.

7. Die Teigmasse gleichmäßig in die Töpfe verteilen und diese in die Mitte auf den Rost des Backofens stellen. Ca. 45 Minuten backen. Die Töpfe herausnehmen und auf ein Kuchengitter stellen. Nach fünf Minuten die Kuchen mithilfe des Backpapiers herausheben, damit sie nicht feucht werden. Auf dem Kuchengitter abkühlen lassen. Danach vorsichtig das Backpapier abziehen.

TIPP:

Wer gerne Süßes mag, kann die Kuchen noch mit einer Schokoladenglasur bestreichen und mit Zuckerstreuseln oder gehackten Mandeln bestreuen.

Zutaten

Für den Teig:
50 g Margarine
100 g Zucker
1 Prise Salz
1/2 Päckchen
Vanillinzucker
2 Eier Größe M
125 g Magerquark

150 g Mehl Type 405
1/2 Päckchen Backpulver
65 ml Milch
80 g getrocknete blaue
Weinbeeren

Zum Verzieren:
Puderzucker

Zubereitung:

1. Das Backpapier für die Tontöpfe vorbereiten und beiseite legen. Die Töpfe am besten in einem Eimer mit kochendem Wasser übergießen und im Wasser stehen lassen.

2. Den Rost im Backofen in die unterste Schiene schieben. Den Backofen auf 180° C vorheizen, Heißluft auf 175° C, Gas Stufe 2.

3. Die Margarine, den Zucker und den Vanillinzucker mit dem Schneebesen rühren, bis sich der Zucker aufgelöst hat. Die Eier zugeben und die Masse schaumig schlagen.

4. Den Quark gut ausdrücken und mit dem Salz in die Masse einrühren.

5. Das Mehl und das Backpulver durchsieben und zu der Schaummasse geben. Zügig zusammen mit der Milch zu einem glatten Teig verrühren. Die Weinbeeren in Mehl wälzen und unter den Teig heben.

6. Die Tontöpfe aus dem Wasser nehmen und mit dem vorbereiteten Backpapier auslegen.

7. Die Teigmasse gleichmäßig in die Töpfe verteilen und diese in die Mitte auf den Rost des Backofens stellen. Ca. 60 Minuten backen. Die Töpfe herausnehmen und auf ein Kuchengitter stellen. Nach fünf Minuten die Kuchen mithilfe des Backpapiers herausheben, damit sie nicht feucht werden. Auf dem Kuchengitter abkühlen lassen. Danach vorsichtig das Backpapier abziehen.

8. Die erkalteten Kuchen mit Puderzucker bestäuben.

TIPP:
Statt der getrockneten Weinbeeren kann man auch frische Trauben verwenden. Der Kuchen wird dann saftiger. Die Trauben aber in jedem Fall in Mehl wälzen.

Sie brauchen:

1 Tontopf, Durchmesser ca. 15 cm, Backpapier

Zutaten

Für den Teig:
75 g Nuss-Nougat
65 g Margarine
100 g brauner Zucker
2 Eier Größe L
1 Prise Salz
100 g gemahlene Haselnüsse
70 g getrocknete blaue Weinbeeren

65 g Mehl Type 405
1 TL Backpulver
3 EL Milch

Zum Verzieren:
100 g Nuss-Nougat
Dekorblätter aus weißer Schokolade

Zubereitung:

1. Das Backpapier für den Tontopf vorbereiten und beiseite legen. Den Topf am besten in einem Eimer mit kochendem Wasser über gießen und im Wasser stehen lassen.

2. Den Rost im Backofen in die unterste Schiene schieben. Den Backofen auf 180° C vorheizen, Heißluft auf 175° C, Gas Stufe 2.

3. Den Nougat mit dem Schneebesen gleichmäßig verrühren. Die Margarine und den Zucker dazugeben. Die Masse so lange schlagen, bis sich der Zucker gelöst hat.

4. Die Eier trennen. Das Eiweiß in eine fettfreie Schüssel geben und das Eigelb in die Zuckermasse einrühren. Die gemahlenen Haselnüsse und das Salz unterrühren.

5. Das Mehl und das Backpulver in eine Schüssel sieben und zügig mit der Milch in die Zuckereiermasse rühren. Die getrockneten Weinbeeren in Mehl wälzen und mit dem zu schnittfestem Schnee geschlagenen Eiweiß vorsichtig unter den Teig heben.

6. Den Tontopf aus dem Wasser nehmen und mit dem vorbereiteten Backpapier auslegen.

7. Die Teigmasse in den Topf füllen und diesen in die Mitte auf den Rost des Backofens stellen. Ca. 70 Minuten backen. Den Topf herausnehmen und auf ein Kuchengitter stellen. Nach fünf Minuten den Kuchen mithilfe des Backpapiers herausheben, damit er nicht feucht wird. Auf dem Kuchengitter abkühlen lassen. Danach vorsichtig das Backpapier abziehen.

8. Die Nougatmasse im Wasserbad erwärmen. Wenn sie flüssig ist, den kalten Kuchen mit dem Nougat überziehen und mit Schokoladenblättern verzieren.

TIPP:
Damit Rosinen oder Weinbeeren beim Backen nicht auf den Boden sinken und sich im Teig besser verteilen, sollten Sie sie grundsätzlich in Mehl wälzen, bevor sie in den Teig gerührt werden.

Sie brauchen:

1 Tontopf, Durchmesser ca. 20 cm, Backpapier

Zutaten

Für den Teig:
150 g weiche Butter
80 g Zucker
1/2 TL Salz
4 Eier Größe M
600 g Mehl Type 405
60 g Hefe
225 ml lauwarmes Wasser

190 g Rosinen
45 g Orangeat
45 g Zitronat
1 Vanilleschote
1 TL abgeriebene Zitronenschale
etwas Butter zum Bepinseln

Zubereitung:

1. Das Backpapier für den Tontopf vorbereiten und beiseite legen. Den Topf am besten in einem Eimer mit kochendem Wasser übergießen und im Wasser stehen lassen.

2. Zuerst mit dem leeren Tontopf eine Probe machen, ob er in den Ofen passt. Ggf. den Rost herausziehen und stattdessen ein Kuchengitter auf den Boden des Backofens stellen. Den Backofen auf 200° C vorheizen, Heißluft auf 175° C, Gas Stufe 3.

3. Die Rosinen waschen, in heißem Wasser einweichen, abschütten und trockentupfen.

4. Das Mehl in eine große Schüssel sieben und in die Mitte eine Vertiefung drücken. Die Hefe in die Vertiefung bröckeln, etwas warmes Wasser dazugießen und mit wenig Mehl zu einem so genannten Vorteig rühren. Mit einem Tuch abdecken und ca. 15 Minuten gehen lassen.

5. In der Zwischenzeit die Eier trennen und das Mark der Vanilleschote herauskratzen. Die Eigelbe, den Zucker und das Vanillemark mit den Schneebesen des Handrührgerätes schaumig schlagen, bis eine helle Creme entsteht. Abwechselnd Eiermasse, Wasser und Butter zum Mehl geben und mit den Knethaken zu einem glatten Teig kneten. Wiederum mit dem Tuch abdecken und 1 1/2–2 Stunden gehen lassen.

6. Den Tontopf aus dem Wasser nehmen und mit dem vorbereiteten Backpapier auslegen.

7. Den Teig auf die bemehlte Arbeitsfläche geben. Die Rosinen, das Orangeat und Zitronat sowie die abgeriebene Zitronenschale von Hand in den Teig kneten. In den Tontopf füllen und die Oberfläche mit geschmolzener Butter bepinseln.

8. In den Backofen stellen und ca. 20 Minuten backen, danach die Hitze auf 175° C, Heißluft 150° C, Gas Stufe 2 reduzieren und weitere 60 Minuten backen. Falls die Oberfläche zu dunkel wird, mit Alufolie abdecken.

9. Nach Ablauf der Backzeit den Tontopf herausnehmen und auf ein Kuchengitter stellen. Nach fünf Minuten den Kuchen mithilfe des Backpapiers herausheben, damit er nicht feucht wird. Auf dem Kuchengitter abkühlen lassen. Danach vorsichtig das Backpapier abziehen.

TIPP:
Die spezielle Panettone-Backform ist hier bei uns selten erhältlich. Der Tontopf bietet eine ebenso günstige wie originelle Möglichkeit, dieses traditionelle italienische Gebäck zuzubereiten.

Zutaten

Für den Teig:
100 g Rosinen
50 ml Rum
5 Eier Größe M
120 g Puderzucker
150 g gemahlene Mandeln
1 Prise Salz
3 EL Mehl Type 405

Zum Verzieren:
150 g Kakaoglasur
Mandelblättchen

Zubereitung:

1. Die Rosinen mit heißem Wasser waschen, abgießen und mit Küchenpapier trockentupfen. Den Rum in eine kleine Schüssel geben und die Rosinen möglichst ein Stunde darin einweichen.

2. Das Backpapier für die Tontöpfe vorbereiten und beiseite legen. Die Töpfe am besten in einem Eimer mit kochendem Wasser übergießen und im Wasser stehen lassen.

3. Den Rost im Backofen in die unterste Schiene schieben. Den Backofen auf 190° C vorheizen, Heißluft auf 175° C, Gas Stufe 2.

4. Die Eigelbe vom Eiweiß trennen. Das Eiweiß in eine fettfreie Schüssel geben und mit dem Salz zu steifem Schnee schlagen.

5. Den Puderzucker durchsieben, das Eigelb dazugeben und mit dem Schneebesen zu einer dicklichen weißen Masse schlagen.

6. Die Rosinen auf ein Sieb schütten, die Mandeln und das Mehl in eine Schüssel geben. Die abgetropften Rosinen darin wenden und das Ganze in die Puderzuckermasse einrühren. Den Eischnee vorsichtig unter die Masse heben.

7. Die Tontöpfe aus dem Wasser nehmen und mit dem vorbereiteten Backpapier auslegen.

8. Die Teigmasse gleichmäßig in die Töpfe verteilen und diese in die Mitte auf den Rost des Backofens stellen. Ca. 45 Minuten backen. Die Töpfe herausnehmen und auf ein Kuchengitter stellen. Nach fünf Minuten die Kuchen mithilfe des Backpapiers herausheben, damit sie nicht feucht werden. Auf dem Kuchengitter abkühlen lassen. Danach vorsichtig das Backpapier abziehen.

9. Die Kakaoglasur im heißen Wasserbad erwärmen und mit einem Kuchenpinsel gleichmäßig auf den Kuchen verstreichen. Auf die noch feuchte Glasur die Mandelblättchen streuen.

TIPP:

Je länger man die Rosinen in dem Rum ziehen lässt, umso intensiver ist der Geschmack. Die Mandeln kann man mit ein wenig Butter in einer Pfanne anrösten. Sie sind dann noch knuspriger.

Zutaten

Für den Teig:
1/8 l Pflanzenöl
110 g Puderzucker
1/2 Päckchen
Vanillinzucker
2 Eier Größe L
1 Prise Salz

65 g Mehl Type 405
60 g Speisestärke
1/2 Päckchen Backpulver
1/8 l Eierlikör

Zum Verzieren:
Puderzucker

Zubereitung:

1. Das Backpapier für die Tontöpfe vorbereiten und beiseite legen. Die Töpfe am besten in einem Eimer mit kochendem Wasser übergießen und im Wasser stehen lassen.

2. Den Rost im Backofen in die unterste Schiene schieben. Den Backofen auf 190° C vorheizen, Heißluft auf 175° C, Gas Stufe 2.

3. Den Puderzucker durchsieben und mit den Eiern und dem Vanillinzucker mit dem Schneebesen zu einer glatten Masse rühren.

4. Das Öl und den Eierlikör nacheinander in einem dünnen Strahl unter Rühren in die Eiermasse fließen lassen.

5. Das Mehl und das Backpulver in eine Schüssel sieben, die Speisestärke und das Salz untermischen, zum Teig geben und zügig unterrühren.

6. Die Tontöpfe aus dem Wasser nehmen und mit dem vorbereiteten Backpapier auslegen.

7. Die Teigmasse gleichmäßig in die Töpfe verteilen und diese in die Mitte auf den Rost des Backofens stellen. Ca. 50 Minuten backen. Die Töpfe herausnehmen und auf ein Kuchengitter stellen. Nach fünf Minuten die Kuchen mithilfe des Backpapiers herausheben, damit sie nicht feucht werden. Auf dem Kuchengitter abkühlen lassen. Danach vorsichtig das Backpapier abziehen.

8. Die Kuchen auf eine Kuchenplatte stellen und mit Puderzucker bestäuben.

TIPP:
Statt mit Puderzucker kann man die Kuchen auch mit einem Zuckerguss verzieren. Dazu 50 g Puderzucker in eine Schüssel sieben und mit 3–4 TL Eierlikör zu einer zähen Masse verrühren. Die Kuchen damit bestreichen und den Guss fest werden lassen.

Sie brauchen:

2 Tontöpfe, Durchmesser ca. 11 cm, Backpapier

Zutaten

Für den Teig:
150 g Butter oder Margarine
150 g Zucker
1 Päckchen Vanillinzucker
1 Prise Salz
3 Eier Größe M
3 EL lauwarmes Wasser
150 g Mehl Type 405

1 1/2 TL Backpulver
2 EL Kakao
4 cl Rum
100 g weiße Schokolade

Zum Verzieren:
150 g dunkle Schokoladenglasur

Zubereitung:

1. Das Backpapier für die Tontöpfe vorbereiten und beiseite legen. Die Töpfe am besten in einem Eimer mit kochendem Wasser übergießen und im Wasser stehen lassen.

2. Den Rost im Backofen in die unterste Schiene schieben. Den Backofen auf 190° C vorheizen, Heißluft auf 175° C, Gas Stufe 2.

3. Die Butter oder Margarine in einen Topf geben und bei schwacher Hitze schmelzen, vom Herd nehmen und etwas abkühlen lassen. Die Eier trennen und das Eiweiß mit einer Prise Salz zu schnittfestem Eischnee schlagen. Die Schokolade in der Küchenmaschine fein hacken.

4. Die Eigelbe mit 3 EL lauwarmem Wasser, dem Zucker und dem Vanillinzucker mit den Schneebesen des Handrührgerätes zu einer hellen, dickflüssigen Creme aufschlagen. Die flüssige Butter und den Rum unterschlagen.

5. Den steif geschlagenen Eischnee auf die Eiercreme geben. Das Mehl, den Kakao und das Backpulver darüber sieben und die Schokolade ebenfalls hinzufügen. Alle Zutaten mit einem Rührlöffel vorsichtig vermischen.

6. Die Tontöpfe aus dem Wasser nehmen und mit dem vorbereiteten Backpapier auslegen.

7. Den Teig gleichmäßig in die Töpfe füllen, diese in die Mitte auf den Rost des Backofens stellen und ca. 60 Minuten backen. Die Töpfe herausnehmen und auf ein Kuchengitter stellen. Nach fünf Minuten die Kuchen mithilfe des Backpapiers herausheben, damit sie nicht feucht werden. Auf dem Kuchengitter abkühlen lassen. Danach vorsichtig das Backpapier abziehen.

8. Die Schokoladenglasur im heißen Wasserbad schmelzen und die erkalteten Kuchen rundherum damit einstreichen.

TIPP:
Wenn die Kuchen für Kinder gebacken werden, kann der Rum auch durch Vanille- oder Bittermandelaroma ersetzt werden.

Sie brauchen:

15 Tontöpfchen,
Durchmesser
ca. 5 cm,
Backpapier

Zutaten

Für den Teig:
140 g Marzipan-
Rohmasse
65 g Margarine
40 g Zucker
1 Ei Größe L
1 Prise Salz
125 g Mehl Type 405
1 TL Backpulver

50 ml Milch
50 g Schokoladen-
blättchen

Zum Verzieren:
150 g Kakaoglasur
Zuckerfiguren
kleine Kerzen mit Halter
zum Aufstecken

Zubereitung:

1. Das Backpapier für die Tontöpfchen vorbereiten und beiseite legen. Die Töpfchen am
besten in einem Eimer mit kochendem
Wasser übergießen und im Wasser stehen
lassen.

2. Den Rost im Backofen in die mittlere
Schiene schieben. Den Backofen auf 190° C
vorheizen, Heißluft auf 175° C, Gas Stufe 2.

3. Die Marzipanmasse mit dem Schneebesen verrühren. Die Margarine und den Zucker
dazugeben und schaumig rühren, bis sich der
Zucker aufgelöst hat. Das Ei und das Salz
unterrühren.

4. Das Mehl und das Backpulver durchsieben und zügig mit der Milch in die Teigmasse
einrühren.

5. Die Schokoladenblättchen mit einem
Rührlöffel unterheben.

6. Die Tontöpfchen aus dem Wasser nehmen und mit dem vorbereiteten Backpapier
auslegen.

7. Die Teigmasse mit einem Teelöffel gleichmäßig in die Töpfchen verteilen und diese in
die Mitte auf den Rost des Backofens stellen.
Ca. 40 Minuten backen. Die Töpfchen herausnehmen und auf ein Kuchengitter stellen.
Nach zwei bis drei Minuten die Kuchen mithilfe des Backpapiers herausheben, damit sie
nicht feucht werden. Auf dem Kuchengitter
abkühlen lassen. Danach vorsichtig das
Backpapier abziehen.

8. Die Kakaoglasur in einem Topf im heißen
Wasserbad schmelzen und die kleinen Kuchen damit bestreichen. Auf die noch feuchte
Glasur auf einige Kuchen die Zuckerfiguren
setzen. Wenn die Glasur trocken ist, auf die
restlichen Kuchen die kleinen Kerzen stecken.

TIPP:
Zum Kindergeburtstag für jedes Jahr eine
kleine Kerze aufstecken. In einen haushaltsüblichen Backofen passen gut 20 solcher Töpfchen. Es sollte zwischen jedem
Töpfchen mindestens 1 cm Luft bleiben.

Sie brauchen:

16 Tontöpfchen,
Durchmesser
ca. 5 cm,
Backpapier

Zutaten

Für den Teig:
125 g Butter
100 g Zucker
1/2 Päckchen
Vanillinzucker
3 Eier Größe M
1 Prise Salz
250 g Mehl Type 405

2 TL Backpulver
60 ml Milch
160 g dunkle Schokolade

Zum Verzieren:
weiße Kuvertüre
Schokoladenstreusel

Zubereitung:

1. Das Backpapier für die Tontöpfchen vorbereiten und beiseite legen. Die Töpfchen am besten in einem Eimer mit kochendem Wasser übergießen und im Wasser stehen lassen.

2. Den Rost im Backofen in die mittlere Schiene schieben. Den Backofen auf 190° C vorheizen, Heißluft auf 175° C, Gas Stufe 2.

3. Die Butter, den Zucker und den Vanillinzucker mit den Schneebesen des Handrührgerätes schaumig schlagen. Die Eier nach und nach unterrühren.

4. Das Mehl zusammen mit dem Backpulver in eine Schüssel sieben. Die Mehlmischung mit einer Prise Salz zur Eiermasse geben und mit der Milch zu einem glatten Teig rühren.

5. Die Schokolade mit einem scharfen Messer in kleine Stücke hacken, ebenfalls in den Teig geben und mit einem Löffel unterheben.

6. Die Tontöpfchen aus dem Wasser nehmen und mit dem vorbereiteten Backpapier auslegen.

7. Den Teig mit einem Teelöffel gleichmäßig in die Tontöpfchen füllen, diese in die Mitte auf den Rost des Backofens stellen und ca. 30 bis 35 Minuten backen. Die Töpfchen herausnehmen und auf ein Kuchengitter stellen. Nach fünf Minuten die Kuchen mithilfe des Backpapiers herausheben, damit sie nicht feucht werden. Auf dem Kuchengitter abkühlen lassen. Danach vorsichtig das Backpapier abziehen.

8. Die Kuvertüre nach Packungsanweisung schmelzen. Die Schokoladenstreusel auf einen Teller geben. Die kleinen Kuchen am Kopf nehmen und den unteren Teil mit Kuvertüre einpinseln oder eintauchen. Gleich in den Schokoladenstreuseln rollen.

TIPP:
Sie haben noch übrig gebliebene Schokoladen-Osterhasen oder -Weihnachtsmänner? Dann brauchen Sie die Schokolade nicht extra zu kaufen. Einfach die Figuren klein hacken, Menge abwiegen und in den Kuchen verbacken.

Zutaten

Für den Teig:
50 g weiche Margarine
75 g Zucker
2 Eier Größe M
50 g Schokoladen-
streusel
25 g Weizen-Schnell-
mehl

1 Päckchen Schokoladen-
puddingpulver
1 TL Backpulver
evtl. 1 EL Milch

Zum Verzieren:
150 g Kakaoglasur
bunte Zuckerstreusel

Zubereitung:

1. Das Backpapier für die Tontöpfchen vor-bereiten und beiseite legen. Die Töpfchen am besten in einem Eimer mit kochendem Was-ser übergießen und im Wasser stehen lassen.

2. Den Rost im Backofen in die mittlere Schiene schieben. Den Backofen auf 190° C vorheizen, Heißluft auf 175° C, Gas Stufe 2.

3. Die Margarine und den Zucker mit einem Schneebesen schaumig rühren, bis sich der Zucker aufgelöst hat. Die Eier und die Scho-koladenstreusel nach und nach einrühren.

4. Das Schnellmehl ist sehr fein und braucht in der Regel nicht durchgesiebt zu werden. Das Backpulver durch ein kleines Sieb auf das Mehl sieben und mit dem Schokoladen-puddingpulver vermengen. Das Mehlgemisch zügig in die Schaummasse einrühren.

5. Wenn der Teig zu fest ist, noch den EL Milch dazugeben. Es muss ein zäher Teig entstehen.

6. Die Tontöpfchen aus dem Wasser neh-men und mit dem vorbereiteten Backpapier auslegen.

7. Die Teigmasse mit einem Teelöffel gleich-mäßig in die Töpfchen verteilen und diese in die Mitte auf den Rost des Backofens stellen. Ca. 40 Minuten backen. Die Töpfchen heraus-nehmen und auf ein Kuchengitter stellen. Nach zwei bis drei Minuten die Kuchen mit-hilfe des Backpapiers herausheben, damit sie nicht feucht werden. Auf dem Kuchengitter abkühlen lassen. Danach vorsichtig das Backpapier abziehen.

8. Die Kakaoglasur in einem Topf im heißen Wasserbad schmelzen und die kleinen Kuchen damit bestreichen. Auf die noch feuchte Glasur die Zuckerstreusel streuen.

TIPP:
Zum Kindergeburtstag eine tolle Überra-schung! In einen haushaltsüblichen Backofen passen gut 20 solcher Töpf-chen. Es sollte zwischen jedem Töpfchen mindestens 1 cm Luft bleiben.

Zutaten

Für den Teig:

125 g Butter
100 g Zucker
1/2 Päckchen
Vanillinzucker
3 Eier Größe M

1 Prise Salz
250 g Mehl Type 405
2 TL Backpulver
60 ml Milch
160 g weiße Schokolade
2 TL Kakao

Zubereitung:

1. Das Backpapier für die Tontöpfchen vorbereiten und beiseite legen. Die Töpfchen am besten in einem Eimer mit kochendem Wasser übergießen und im Wasser stehen lassen.

2. Den Rost im Backofen in die mittlere Schiene schieben. Den Backofen auf 190° C vorheizen, Heißluft auf 175° C, Gas Stufe 2.

3. Die Butter, den Zucker und den Vanillinzucker mit den Schneebesen des Handrührgerätes schaumig schlagen. Die Eier nach und nach unterrühren.

4. Das Mehl zusammen mit dem Backpulver und dem Kakao in eine Schüssel sieben. Die Mehlmischung mit einer Prise Salz zur Eiermasse geben und mit der Milch zu einem glatten Teig rühren.

5. Die Schokolade mit einem scharfen Messer in kleine Stücke hacken, ebenfalls in den Teig geben und mit einem Löffel unterheben.

6. Die Tontöpfchen aus dem Wasser nehmen und mit dem vorbereiteten Backpapier auslegen.

7. Den Teig mit einem Teelöffel gleichmäßig in die Tontöpfchen füllen, diese in die Mitte auf den Rost des Backofens stellen und ca. 30 bis 35 Minuten backen. Die Töpfchen herausnehmen und auf ein Kuchengitter stellen. Nach zwei bis drei Minuten die Kuchen mithilfe des Backpapiers herausheben, damit sie nicht feucht werden. Auf dem Kuchengitter abkühlen lassen. Danach vorsichtig das Backpapier abziehen.

TIPP:

Nach dem Abkühlen können die kleinen Kuchen wieder zurück in die Töpfchen gesteckt werden. Gerade bei Kindergeburtstagen oder Gartenfesten ist dies eine dekorative Serviermöglichkeit.

Zutaten

Für den Teig:
125 g Zucker
2 Eier Größe M
100 ml Öl
1 Prise Salz
3 cl Zitronensaft
100 ml Orangensaft

150 g Mehl Type 405
1/2 Päckchen Backpulver

Zum Verzieren:
50 g Puderzucker
4 TL Zitronensaft
Citro-Back

Zubereitung:

1. Das Backpapier für die Tontöpfe vorbereiten und beiseite legen. Die Töpfe am besten in einem Eimer mit kochendem Wasser übergießen und im Wasser stehen lassen.

2. Den Rost im Backofen in die unterste Schiene schieben. Den Backofen auf 190° C vorheizen, Heißluft auf 175° C, Gas Stufe 2.

3. Den Zucker und die Eier mit dem Schneebesen rühren, bis eine cremige Masse entsteht. Das Öl in einem dünnen Strahl einfließen lassen und das Ganze mit dem Salz und dem Zitronensaft verrühren.

4. Das Mehl und das Backpulver durchsieben, nach und nach zusammen mit dem Orangensaft zügig in die Teigmasse geben und alles zu einem glatten Teig verrühren.

5. Die Tontöpfe aus dem Wasser nehmen und mit dem vorbereiteten Backpapier auslegen.

6. Die Teigmasse gleichmäßig in die Töpfe verteilen und diese in die Mitte auf den Rost des Backofens stellen. Ca. 50 Minuten backen. Die Töpfe herausnehmen und auf ein Kuchengitter stellen. Nach fünf Minuten die Kuchen mithilfe des Backpapiers herausheben, damit sie nicht feucht werden. Auf dem Kuchengitter abkühlen lassen. Danach vorsichtig das Backpapier abziehen.

7. Den Puderzucker durchsieben und mit dem Zitronensaft zu einer zähen Masse verrühren. Auf die abgekühlten Kuchen streichen und etwas abtrocknen lassen. Den Guss mit Citro-Back bestreuen.

TIPP:
Ein sehr schnelles und einfaches Rezept! Die Kuchen werden noch saftiger, wenn man sie rundherum mit Zuckerguss bestreicht.

Zutaten

Für den Teig:
140 g weiche Margarine
100 g Zucker
1/2 Päckchen
Vanillinzucker
2 Eier Größe M
1 Prise Salz
2 EL Milch

150 g Mehl Type 405
1 TL Backpulver
80 g gehackte Walnüsse
Saft einer halben Zitrone
2 Äpfel

Zum Verzieren:
Puderzucker

Zubereitung:

1. Das Backpapier für die Tontöpfe vorbereiten und beiseite legen. Die Töpfe am besten in einem Eimer mit kochendem Wasser übergießen und im Wasser stehen lassen.

2. Den Rost im Backofen in die mittlere Schiene schieben. Den Backofen auf 190° C vorheizen, Heißluft auf 175° C, Gas Stufe 2.

3. Die beiden Äpfel schälen, vierteln und das Kerngehäuse entfernen. Mit Zitronensaft beträufeln, damit sie nicht braun werden.

4. Die Margarine, den Zucker und den Vanillinzucker mit einem Schneebesen schaumig rühren, bis sich der Zucker aufgelöst hat. Nach und nach die Eier und die Prise Salz unterrühren.

5. Das Mehl und das Backpulver durchsieben und zusammen mit der Milch in die Schaummasse einrühren. Zügig zu einem glatten Teig verarbeiten. Die Walnüsse mit einem Rührlöffel unter die Teigmasse heben.

6. Die Tontöpfe aus dem Wasser nehmen und mit dem vorbereiteten Backpapier auslegen.

7. Die Teigmasse gleichmäßig in die Töpfe verteilen. Die Apfelviertel mit einem Messer über Kreuz einritzen und in jeden Topf ein Viertel in die Mitte auf den Teig legen. Die Töpfe in die Mitte auf den Rost des Backofens stellen. Ca. 50 Minuten backen. Die Töpfe herausnehmen und auf ein Kuchengitter stellen. Nach fünf Minuten die Kuchen mithilfe des Backpapiers herausheben, damit sie nicht feucht werden. Auf dem Kuchengitter abkühlen lassen. Danach vorsichtig das Backpapier abziehen.

8. Vor dem Servieren mit Puderzucker bestäuben.

TIPP:

Statt der Äpfel kann man auch Birnen, Aprikosen, Mirabellen oder Kirschen auf den Teig legen. Die Früchte jeweils etwas in den Teig drücken. Steinobst auf jeden Fall vorher entsteinen.

Sie brauchen:

2 Tontöpfe, Durchmesser ca. 11 cm, Backpapier

Zutaten

Für den Teig:
50 g Margarine
60 g Zucker
1–2 Spritzer Süßstoff
1 Prise Salz
1 Ei Größe M
2 EL Zitronensaft
20 g gemahlene Haselnüsse

150 g Mehl Type 405
1 TL Backpulver
190 g Papayabällchen (Abtropfgewicht)

Zum Verzieren:
100 g Kakaoglasur
2 Papayabällchen

Zubereitung:

1. Das Backpapier für die Tontöpfe vorbereiten und beiseite legen. Die Töpfe am besten in einem Eimer mit kochendem Wasser übergießen und im Wasser stehen lassen.

2. Den Rost im Backofen in die unterste Schiene schieben. Den Backofen auf 180° C vorheizen, Heißluft auf 175° C, Gas Stufe 2.

3. Die Margarine in einem Topf bei geringer Hitze schmelzen und abkühlen lassen.

4. Den Zucker, den Süßstoff, das Ei und das Salz mit dem Schneebesen in die abgekühlte Margarine einrühren, bis sich der Zucker aufgelöst hat. Die Masse schaumig schlagen. Den Zitronensaft und die gemahlenen Haselnüsse dazugeben.

5. Das Mehl und das Backpulver durchsieben, nach und nach zügig in die Schaummasse geben und zu einem glatten Teig verrühren. Die Papayabällchen vorsichtig mit einer Gabel unter den Teig heben.

6. Die Töpfe aus dem Wasser nehmen und mit dem vorbereiteten Backpapier auslegen.

7. Die Teigmasse gleichmäßig in die Töpfe verteilen und diese in die Mitte auf den Rost des Backofens stellen. Ca. 45 Minuten backen. Die Töpfe herausnehmen und auf ein Kuchengitter stellen. Nach fünf Minuten die Kuchen mithilfe des Backpapiers herausheben, damit sie nicht feucht werden. Auf dem Kuchengitter abkühlen lassen. Danach vorsichtig das Backpapier abziehen.

8. Die Kakaoglasur im heißen Wasserbad erwärmen, mit einem Kuchenpinsel grob über die Kuchen streichen und je ein Papayabällchen darauf setzen.

TIPP:
Statt der Papayabällchen schmecken auch Ananasstückchen hervorragend.

Zutaten

Für den Teig:
120 g Margarine
120 g Zucker
1 Prise Salz
6 Eier Größe M
50 g Kokosraspeln

50 g gemahlene Mandeln
240 g Mehl Type 405
1 1/2 TL Backpulver
4 EL Zitronensaft
40 ml Rum
700 g reife Bananen

Zubereitung:

1. Das Backpapier für den Tontopf vorbereiten und beiseite legen. Den Topf am besten in einem Eimer mit kochendem Wasser übergießen und im Wasser stehen lassen.

2. Den Rost auf den Boden im Backofen legen. Den Backofen auf 190° C vorheizen, Heißluft auf 175° C, Gas Stufe 2.

3. Die Bananen schälen und in kleine Würfel schneiden. Die Bananenwürfel mit dem Zironensaft und dem Rum beträufeln.

4. Die Margarine und den Zucker mit dem Schneebesen rühren, bis sich der Zucker aufgelöst hat. Die Masse schaumig schlagen, die Prise Salz, die Kokosraspeln und die Mandeln einrühren.

5. Das Eigelb vom Eiweiß trennen. Das Eiweiß in einer fettfreien Schüssel zu schnittfestem Schnee schlagen.

6. Das Mehl und das Backpulver durchsieben, in die Teigmasse geben, ebenso die Eigelbe, und alles zu einem glatten Teig verrühren. Die Bananenwürfel und zuletzt den Eischnee mit einem Rührlöffel vorsichtig unterheben.

7. Den Tontopf aus dem Wasser nehmen und mit dem vorbereiteten Backpapier auslegen.

8. Die Teigmasse in den Topf füllen und diesen in die Mitte auf den Rost des Backofens stellen. Ca. 90 Minuten backen. Den Topf herausnehmen und auf ein Kuchengitter stellen. Nach fünf Minuten den Kuchen mithilfe des Backpapiers herausheben, damit er nicht feucht wird. Auf dem Kuchengitter abkühlen lassen. Danach vorsichtig das Backpapier abziehen.

TIPP:
Den ausgekühlten frischen Kuchen zur Hälfte in Geschenkpapier verpackt und mit einer Schleife versehen, ist garantiert ein interessantes Geschenk.

Zutaten

Für den Teig:

40 ml Pflanzenöl
60 g Zucker
1/2 Päckchen
Vanillinzucker
1 Ei Größe M
140 g Mehl Type 405

1/2 Päckchen Backpulver
1 Msp. Natron
100 ml Milch
200 g Heidelbeeren aus
dem Glas (Abtropfgewicht)

Zubereitung:

1. Das Backpapier für die Tontöpfe vorbereiten und beiseite legen. Die Töpfe am besten in einem Eimer mit kochendem Wasser übergießen und im Wasser stehen lassen.

2. Den Rost im Backofen in die unterste Schiene schieben. Den Backofen auf 190° C vorheizen, Heißluft auf 175° C, Gas Stufe 2.

3. Das Öl, den Zucker, den Vanillinzucker und das Ei mit einem Schneebesen schaumig rühren, bis sich der Zucker aufgelöst hat.

4. Das Mehl, das Backpulver und die Msp. Natron durchsieben und mit der Milch zu der Eiermasse geben. Zügig zu einem glatten Teig verrühren.

5. Die auf einem Sieb gut abgetropften Heidelbeeren mit einem Rührlöffel unter die Teigmasse heben.

6. Die Tontöpfe aus dem Wasser nehmen und mit dem vorbereiteten Backpapier auslegen.

7. Die Teigmasse gleichmäßig in die Töpfe verteilen und diese in die Mitte auf den Rost des Backofens stellen. Ca. 50 Minuten backen. Die Töpfe herausnehmen und auf ein Kuchengitter stellen. Nach fünf Minuten die Kuchen mithilfe des Backpapiers herausheben, damit sie nicht feucht werden. Auf dem Kuchengitter abkühlen lassen. Danach vorsichtig das Backpapier abziehen.

TIPP:

Anstelle von konservierten Heidelbeeren kann man natürlich auch frische verwenden. Für die zwei Töpfchen reichen dann etwa 100 g.

Zutaten

Für den Teig:
100 g Butter
100 g Zucker
1/2 Päckchen
Vanillinzucker
2 Eier Größe M
1 Prise Salz

150 g Mehl Type 405
1/2 Päckchen Backpulver
125 ml Milch
1 Schale Stachelbeeren

Zum Verzieren:
Puderzucker

Zubereitung:

1. Das Backpapier für die Tontöpfe vorbereiten und beiseite legen. Die Töpfe am besten in einem Eimer mit kochendem Wasser übergießen und im Wasser stehen lassen.

2. Den Rost im Backofen in die unterste Schiene schieben. Den Backofen auf 190° C vorheizen, Heißluft auf 175° C, Gas Stufe 2.

3. Die Stachelbeeren waschen und mit einem Messer den Stiel- und Blütenansatz entfernen. Mit Küchenpapier trockentupfen.

4. Die Butter, den Zucker und den Vanillinzucker mit den Schneebesen des Handrührgerätes schaumig rühren, bis sich der Zucker aufgelöst hat. Die Eier nach und nach unterschlagen.

5. Das Mehl zusammen mit dem Backpulver in eine Schüssel sieben, mit einer Prise Salz zur Eiermasse geben und mit der Milch zu einem glatten Teig rühren. Die Stachelbeeren mit einem Rührlöffel unterheben.

6. Die Tontöpfe aus dem Wasser nehmen und mit dem vorbereiteten Backpapier auslegen.

7. Den Teig gleichmäßig in die Tontöpfe füllen, diese in die Mitte auf den Rost des Backofens stellen und ca. 60 Minuten backen. Die Töpfe herausnehmen und auf ein Kuchengitter stellen. Nach fünf Minuten die Kuchen mithilfe des Backpapiers herausheben, damit sie nicht feucht werden. Auf dem Kuchengitter abkühlen lassen. Danach vorsichtig das Backpapier abziehen.

8. Vor dem Servieren mit Puderzucker bestäuben.

TIPP:
Wenn Sie nicht sicher sind, ob ein Kuchen durchgebacken ist, einfach mit einem Holz- oder Metallspieß in den Teig stechen. Wenn nichts mehr daran hängen bleibt, ist der Kuchen fertig.

Sie brauchen:

2 Tontöpfe, Durchmesser ca. 11 cm, Backpapier

Zutaten

Für den Teig:
50 g Margarine
60 g Zucker
3–4 Spritzer Süßstoff
1 Prise Salz
1 Ei Größe L
1/2 TL Citro-Back
1/2 TL Orange-Back
50 g gemahlene Mandeln

100 g Schnellmehl oder
Mehl Type 405
1 TL Backpulver
60 ml Orangensaft
1 EL Zitronensaft

Zum Verzieren:
100 g Kakaoglasur
Orange-Back

Zubereitung:

1. Das Backpapier für die Tontöpfe vorbereiten und beiseite legen. Die Töpfe am besten in einem Eimer mit kochendem Wasser übergießen und im Wasser stehen lassen.

2. Den Rost im Backofen in die unterste Schiene schieben. Den Backofen auf 180° C vorheizen, Heißluft auf 175° C, Gas Stufe 2.

3. Die Margarine und den Zucker mit dem Schneebesen rühren, bis sich der Zucker aufgelöst hat. Die Masse schaumig schlagen. Den Süßstoff, die Prise Salz, das Ei, Citro-Back und Orange-Back nach und nach in die Schaummasse einrühren.

4. Die Mandeln ebenfalls unterrühren.

5. Das Mehl und das Backpulver durchsieben, nach und nach zusammen mit dem Orangen- und Zitronensaft zügig in die Schaummasse geben und zu einem glatten Teig verrühren.

6. Die Tontöpfe aus dem Wasser nehmen und mit dem vorbereiteten Backpapier auslegen.

7. Die Teigmasse gleichmäßig in die Töpfe verteilen und diese in die Mitte auf den Rost des Backofens stellen. Ca. 50 Minuten backen. Die Töpfe herausnehmen und auf ein Kuchengitter stellen. Nach fünf Minuten die Kuchen mithilfe des Backpapiers herausheben, damit sie nicht feucht werden. Auf dem Kuchengitter abkühlen lassen. Danach vorsichtig das Backpapier abziehen.

8. Die Kakaoglasur im heißen Wasserbad erwärmen und in einem dünnen Strahl direkt auf die Kuchen gießen, sodass an den Seiten kleine Schokoladenstreifen herunterlaufen.

TIPP:

Ein sehr schneller und einfacher, saftiger Kuchen, der vor allem im Sommer sehr erfrischend schmeckt.

52

Zutaten

Für den Teig:
25 g Margarine
50 g Zucker
2 Eier Größe L
1 Prise Salz
25 g Mehl Type 405
25 g Speisestärke
2 TL Kakao

Für die Füllung:
1 kleine Dose
Mangostücke
200 g süße Sahne
1 Päckchen Sahnesteif
1 TL Kakao
Schokoladenstreusel

Zubereitung:

1. Das Backpapier für den Tontopf vorbereiten und beiseite legen. Den Topf am besten in einem Eimer mit kochendem Wasser übergießen und im Wasser stehen lassen.

2. Den Rost im Backofen in die unterste Schiene schieben. Den Backofen auf 170° C vorheizen, Heißluft auf 160° C, Gas Stufe 2.

3. Die Mangostücke auf ein Sieb schütten, gut abtropfen lassen und in kleine Würfel schneiden.

4. Die Eier, den Zucker und die Prise Salz im heißen Wasserbad mit dem Schneebesen ca. fünf Minuten schlagen. Die Masse muss handwarm sein. Aus dem Wasserbad nehmen und weiterrühren, bis die Masse wieder abgekühlt ist.

5. Das Mehl, die Speisestärke und den Kakao in eine Schüssel sieben. Die Margarine bei schwacher Hitze schmelzen, sie darf nicht zu heiß werden. Die Mehlmischung in die Eiermasse geben und unter Rühren die Margarine in einem dünnen Strahl dazufließen lassen.

6. Den Tontopf aus dem Wasser nehmen und mit dem vorbereiteten Backpapier auslegen.

7. Die Teigmasse in den Topf füllen und diesen in die Mitte auf den Rost des Backofens stellen. Ca. 30 Minuten backen. Den Topf herausnehmen und auf ein Kuchengitter stellen. Nach fünf Minuten den Kuchen mithilfe des Backpapiers herausheben. Vorsichtig das Backpapier abziehen und den Kuchen auf einem Kuchengitter gut auskühlen lassen. Den Biskuit zweimal durchschneiden.

8. Die Sahne mit dem Sahnesteif und dem gesiebten Kakao steif schlagen. Eine kleine Menge für die Verzierung beiseite stellen. Den unteren Boden mit etwas Sahne bestreichen, auf die Sahne die Mangowürfel verteilen, den zweiten Boden darauf setzen und ebenso verfahren. Zum Schluss den dritten Teil des Bodens darauf legen und die Torte rundherum mit Kakaosahne bestreichen.

9. Zwei bis drei Kleckse Sahne auf die Torte setzen und sie mit den restlichen Mangostücken verzieren. Zum Schluss mit Schokoladenstreuseln bestreuen.

TIPP:
Da der Biskuit hoch ist, kann man ihn auch einmal mehr durchschneiden und mit Sahne bestreichen. Zu dem dunklen Boden schmecken auch Birnen hervorragend.

Sie brauchen:

1 Tontopf,
Durchmesser
ca. 17 cm,
Backpapier

Zutaten

Für den Teig:
25 g Margarine
50 g Zucker
2 Eier Größe L
1 Prise Salz
25 g Mehl Type 405
25 g Speisestärke

Für die Füllung:
1 kleine Dose
Pfirsichhälften
200 g süße Sahne
1 Päckchen Sahnesteif
Schokoladenherzen

Zubereitung:

1. Das Backpapier für den Tontopf vorbereiten und beiseite legen. Den Topf am besten in einem Eimer mit kochendem Wasser übergießen und im Wasser stehen lassen.

2. Den Rost im Backofen in die unterste Schiene schieben. Den Backofen auf 170° C vorheizen, Heißluft auf 160° C, Gas Stufe 2.

3. Die Pfirsiche auf ein Sieb schütten, gut abtropfen lassen und in Spalten schneiden.

4. Die Eier, den Zucker und die Prise Salz im heißen Wasserbad mit dem Schneebesen ca. fünf Minuten schlagen. Die Masse muss handwarm sein. Aus dem Wasserbad nehmen und weiterrühren, bis die Masse wieder abgekühlt ist.

5. Das Mehl und die Speisestärke in eine Schüssel sieben. Die Margarine bei schwacher Hitze schmelzen, sie darf nicht zu heiß

werden. Die Mehlmischung in die Eiermasse geben und unter Rühren die Margarine in einem dünnen Strahl dazufließen lassen.

6. Den Tontopf aus dem Wasser nehmen und mit dem vorbereiteten Backpapier auslegen.

7. Die Teigmasse in den Topf füllen und diesen in die Mitte auf den Rost des Backofens stellen. Ca. 30 Minuten backen. Den Topf herausnehmen und auf ein Kuchengitter stellen. Nach fünf Minuten den Kuchen mithilfe des Backpapiers herausheben. Vorsichtig das Backpapier abziehen und den Kuchen auf einem Kuchengitter gut auskühlen lassen. Den Biskuit zweimal durchschneiden.

8. Die Sahne mit dem Sahnesteif steif schlagen. Eine kleine Menge für die Verzierung beiseite stellen. Den unteren Boden mit etwas Sahne bestreichen, auf die Sahne die Pfirsichspalten verteilen, den zweiten Boden darauf setzen und ebenso verfahren. Zum Schluss den dritten Teil des Bodens darauf legen und die Torte rundherum mit Sahne bestreichen.

9. Zwei bis drei Kleckse Sahne auf die Torte setzen und sie mit den restlichen Pfirsichspalten verzieren. Zum Schluss mit Schokoladenherzen dekorieren.

TIPP:
Wer Lust hat, kann den Biskuit auch in kleineren Tontöpfen backen und mehrere Portionstorten garnieren.

Zutaten

Für den Teig:
120 g Butter
120 g Zucker
1 Päckchen Bourbon-
Vanillezucker
2 Eier, 1 Prise Salz
75 g kalifornische
Walnusskerne
4 EL Milch

200 g Mehl
2 TL Backpulver
75 g Schokoladenblättchen

Zum Verzieren:
150 g Marzipanrohmasse
200 g Puderzucker
rote Speisefarbe
2–3 EL Orangensaft
50 g kalifornische
Walnusskerne

Zubereitung:

1. Das Backpapier für die Tontöpfe vorbereiten und beiseite legen. Die Töpfe am besten in einem Eimer mit kochendem Wasser übergießen und im Wasser stehen lassen.

2. Den Rost im Backofen in die unterste Schiene schieben. Den Backofen auf 190° C vorheizen, Heißluft auf 175° C, Gas Stufe 2.

3. Die Walnüsse für den Teig grob hacken.

4. Die Butter, den Zucker und den Vanillezucker mit den Schneebesen des Handrührgerätes schaumig schlagen. Die Eier nach und nach unterrühren.

5. Das Mehl zusammen mit dem Backpulver in eine Schüssel sieben. Die Mehlmischung mit einer Prise Salz zur Eiermasse geben und mit der Milch zu einem glatten Teig rühren. Die gehackten Walnüsse und die Schokoladenblättchen mit einem Rührlöffel unterheben.

6. Die Tontöpfe aus dem Wasser nehmen und mit dem vorbereiteten Backpapier auslegen.

7. Den Teig gleichmäßig in die Tontöpfe füllen, diese in die Mitte auf den Rost des Backofens stellen und ca. 45 Minuten backen. Die Töpfe herausnehmen und auf ein Kuchengitter stellen. Nach fünf Minuten die Kuchen mithilfe des Backpapiers herausheben, damit sie nicht feucht werden. Auf dem Kuchengitter abkühlen lassen. Danach vorsichtig das Backpapier abziehen.

8. Inzwischen das Marzipan mit 75 g Puderzucker verkneten und mit Speisefarbe kräftig pink einfärben. Das Marzipan zwischen zwei aufgeschnittenen Gefrierbeuteln 1 cm dick ausrollen und nach Belieben Herzen oder Blüten ausstechen und auf Holzspieße stecken.

9. Den restlichen Puderzucker mit Orangensaft und einem Tropfen roter Speisefarbe zu einem Guss verrühren.

10. Die Oberfläche der Kuchen mit Guss überziehen und rundherum mit Walnusshälften belegen. Die Blüten- oder Herzspießchen vorsichtig in den Kuchen stecken.

TIPP:
Mit einer Schleife versehen ein besonderes Muttertagsgeschenk, aber auch ein nicht alltägliches Mitbringsel für den nächsten Nachmittagsbesuch.

Zutaten

Für den Teig:

125 g Margarine
125 g Blockschokolade
200 g Zucker
2 Päckchen Vanillinzucker
1 Prise Salz

2 Eier
125 g Mehl
1 TL Backpulver
75 g gehackte Mandeln
30 g gehackte Haselnüsse
30 g gehobelte Mandeln
40 g Schokoblättchen

Zubereitung:

1. Das Backpapier für die Tonschale vorbereiten und beiseite legen. Die Schale mit kochendem Wasser übergießen und im Wasser stehen lassen.

2. Den Rost im Backofen in die mittlere Schiene schieben. Den Backofen auf 200° C vorheizen, Heißluft auf 185° C, Gas Stufe 2.

3. Die Margarine in einem Topf bei geringer Hitze zerlassen, die Blockschokolade dazugeben und unter ständigem Rühren schmelzen, nicht kochen. Die Masse abkühlen lassen.

4. Die Eier, den Zucker, den Vanillinzucker und das Salz mit dem Schneebesen in die Schokoladenmasse einrühren.

5. Das Mehl und das Backpulver durchsieben und zügig in die Teigmasse rühren. Die gehackten Mandeln und die Haselnüsse mit einem Rührlöffel unterheben.

6. Die Schale aus dem Wasser nehmen, mit dem Backpapier auslegen, den Teig in die Schale füllen und glatt streichen.

7. Die gehobelten Mandeln und die Schokoladenblättchen darüber streuen, die Schale in den Backofen stellen und ca. 50 Minuten backen.

8. Die Schale aus dem Backofen nehmen, das Backpapier an zwei gegenüberliegenden Seiten anfassen und den Kuchen einfach herausheben. Zum Abkühlen auf ein Kuchengitter setzen.

9. Mit einem großen Messer den Kuchen vom Backpapier lösen und noch warm in Stücke schneiden.

TIPP:

Am besten schmecken Brownies, wenn sie noch warm gegessen werden. Die gehobelten Mandeln kann man vor dem Backen in einer Pfanne mit Butter goldgelb anrösten.

Sie brauchen:

1 Tonschale,
(Untersetzer),
Durchmesser
außen ca. 35,5 cm,
innen ca, 29,5 cm,
Höhe ca. 4,5 cm,
Backpapier

Zutaten

Für den Teig:
250 g Zucker
4 Eier
200 ml Öl
50 ml Milch
300 g Mehl
1 Päckchen Backpulver

100 g Mohnback
50 g gemahlene
Haselnüsse

Zubereitung:

1. Das Backpapier für die Tonschale vorbereiten und beiseite legen. Die Schale mit kochendem Wasser übergießen und im Wasser stehen lassen.

2. Den Rost im Backofen in die mittlere Schiene schieben. Den Backofen auf 180° C vorheizen, Heißluft auf 175° C, Gas Stufe 2.

3. Die Eier und den Zucker mit dem Schneebesen zu einer cremigen Masse schlagen. Das Öl und die Milch nach und nach einrühren.

4. Das Mehl und das Backpulver durchsieben und zügig unter die Eier-Zuckermasse rühren.

5. Die Schale aus dem Wasser nehmen und mit dem Backpapier auslegen.

6. Die Hälfte der Teigmasse in die Schale füllen. Den restlichen Teig halbieren und die eine Hälfte mit dem Mohnback mischen. Unter die zweite Hälfte die Haselnüsse mischen.

7. Mit einem Esslöffel abwechselnd die Mohnmischung und die Nussmischung auf dem Teig verteilen. In den Backofen schieben und ca. 50 Minuten backen.

8. Die Schale aus dem Backofen nehmen, das Backpapier an zwei gegenüberliegenden Seiten anfassen und den Kuchen einfach herausheben. Zum Abkühlen auf ein Kuchengitter setzen.

9. Mit einem großen Messer den Kuchen vom Backpapier lösen und auf eine Kuchenplatte ziehen.

TIPP:

Besonders saftig wird dieser Kuchen, wenn man ihn noch mit Pfirsich- oder Aprikosenhälften belegt. Die Früchte werden nach etwa 5 bis 10 Minuten Backzeit auf dem Kuchen verteilt und der Kuchen dann fertig gebacken.

Sie brauchen:

1 Tonschale, (Untersetzer), Durchmesser außen ca. 27 cm, innen ca. 22 cm, Höhe ca. 3,5 cm, Backpapier

Zutaten

Für den Teig:
100 g Margarine
6 TL Zucker
2 Spritzer Süßstoff
1 Ei
240 g Mehl

Für den Belag:
100 g Crème fraîche
700 g Äpfel
Saft einer Zitrone
3 EL Sreusüße
Zimtzucker

Zubereitung:

1. Margarine, Mehl, Zucker, Süßstoff und das Ei in eine Schüssel geben und mit dem Knethaken zu einem glatten Teig verkneten.

2. Den Teig in Alufolie wickeln und etwa 30 Minuten im Kühlschrank ruhen lassen.

3. Das Backpapier für die Tonschale vorbereiten und beiseite legen. Die Schale mit kochendem Wasser übergießen und im Wasser stehen lassen.

4. Den Rost im Backofen in die mittlere Schiene schieben. Den Backofen auf 190° C vorheizen, Heißluft auf 175° C, Gas Stufe 2.

5. Die Äpfel schälen, vierteln, entkernen und in gleichmäßige Spalten schneiden. Die Spalten mit dem Zitronensaft beträufeln, damit sie nicht braun werden.

6. Den Teig in etwa der Schalengröße rund ausrollen. Die Schale aus dem Wasserbad nehmen, das Backpapier einlegen und den ausgerollten Teig in die Schale legen. Mit der Hand in die Form der Schale drücken. Einen kleinen Rand hochziehen.

7. Den Boden mit einer Gabel mehrmals einstechen. Crème fraîche auf dem Boden verteilen und mit den Apfelspalten belegen.

8. Die Streusüße darüber streuen und die Schale in den Backofen stellen. Ca. 50 Minuten backen.

9. Die Schale herausnehmen, das Backpapier an zwei gegenüberliegenden Seiten anfassen und den Kuchen einfach herausheben. Zum Abkühlen auf ein Kuchengitter setzen.

10. Mit einem großen Messer den Kuchen vom Backpapier lösen und auf eine Kuchenplatte ziehen. Nach Geschmack mit Zimtzucker bestreuen.

TIPP:
Für Diabetiker kann der Zucker komplett durch Streusüße ersetzt werden. Zu dem noch warmen Apfelkuchen schmeckt frisch geschlagene Sahne hervorragend.

Sie brauchen:

1 Tonschale
(Untersetzer),
Durchmesser
außen ca. 31 cm,
innen ca. 26 cm,
Höhe ca. 4 cm,
Backpapier

Zutaten

Für den Teig:
120 g Naturreis
250 ml Milch
125 ml Wasser
1 Prise Salz
1 Päckchen Vanillinzucker
15 Spritzer Süßstoff
3 Eier

40 g Margarine
1 EL Zucker
60 g Rosinen
30 g Mandeln
2 cl Rum

Zum Verzieren:
Puderzucker

Zubereitung:

1. Das Backpapier für die Tonschale vorbereiten und beiseite legen. Die Schale mit kochendem Wasser übergießen und im Wasser stehen lassen.

2. Den Rost im Backofen in die mittlere Schiene schieben. Den Backofen auf 200° C vorheizen, Heißluft auf 175° C, Gas Stufe 2.

3. Den Reis waschen und zusammen mit der Milch, dem Wasser, dem Salz, dem Vanillinzucker und dem Süßstoff aufkochen und etwa 20 Minuten quellen lassen.

4. Die Eigelbe vom Eiweiß trennen. Das Eiweiß in eine fettfreie Schüssel geben und zu schnittfestem Schnee schlagen.

5. Die Rosinen in heißem Wasser waschen und auf ein Sieb schütten.

6. Die Margarine mit dem Zucker und den Eigelben mit dem Schneebesen schaumig rühren. Die Masse unter den Reis ziehen.

7. Die Rosinen, die Mandeln und den Rum dazugeben und den Eischnee mit einem Rührlöffel unterheben.

8. Die Schale aus dem Wasser nehmen und mit dem Backpapier auslegen.

9. Die Teigmasse in die Schale füllen, in den Backofen stellen und ca. 50 Minuten backen.

10. Die Schale aus dem Backofen nehmen, das Backpapier an zwei gegenüberliegenden Seiten anfassen und den Kuchen einfach herausheben. Zum Abkühlen auf ein Kuchengitter setzen.

11. Mit einem großen Messer den Kuchen vom Backpapier lösen und auf eine Kuchenplatte ziehen. Mit Puderzucker bestäuben.

TIPP:
Wer mag, kann noch einen Esslöffel Quark zugeben und den Kuchen nach dem Backen zusätzlich noch mit Rum beträufeln.

Sie brauchen:

3 Tonschalen
(Untersetzer),
Durchmesser
außen ca. 17 cm,
innen ca. 14 cm,
Höhe ca. 2,5 cm,
Backpapier

Zutaten

Für den Teig:
40 g Margarine
3 TL Süßstoff
4 Eier
80 g Grieß

375 g Magerquark
3 mittelgroße Äpfel
Saft einer halben Zitrone

Zubereitung:

1. Das Backpapier für die Tonschalen vorbereiten und beiseite legen. Die Schalen mit kochendem Wasser übergießen und im Wasser stehen lassen.

2. Den Rost im Backofen in die mittlere Schiene schieben. Den Backofen auf 190° C vorheizen, Heißluft auf 175° C, Gas Stufe 2.

3. Die Äpfel schälen, vierteln, entkernen und in kleine Stücke schneiden. Die Apfelstücke mit dem Zitronensaft beträufeln, damit sie nicht braun werden.

4. Die Eigelbe vom Eiweiß trennen. Das Eiweiß in eine fettfreie Schüssel geben und zu schnittfestem Schnee schlagen.

5. Die Margarine, den Quark, die Eigelbe, den Süßstoff und den Grieß in eine Schüssel geben und mit dem Schneebesen gut verühren. Die Apfelstücke und anschließend den Eischnee vorsichtig unterheben.

6. Die Schalen aus dem Wasser nehmen und mit dem Backpapier auslegen.

7. Die Teigmasse gleichmäßig auf die drei Schalen verteilen, in den Backofen stellen und ca. 50 Minuten backen.

8. Die Schalen aus dem Backofen nehmen, das Backpapier an zwei gegenüberliegenden Seiten anfassen und die Kuchen einfach herausheben. Zum Abkühlen auf ein Kuchengitter setzen.

9. Mit einem großen Messer die Kuchen vom Backpapier lösen und auf eine Kuchenplatte ziehen.

TIPP:
Die Kuchen können auch in mehreren kleinen Schalen gebacken werden, das sieht bei einer Kaffeetafel besonders dekorativ aus. Man sollte vorher prüfen, wie viele Schalen in den Backofen passen.

Zutaten

Für den Teig:
75 ml Pflanzenöl
150 g Zucker
3 Eier Größe M
1 Prise Salz
150 g Mehl Type 405
1/2 Päckchen Backpulver

1/2 TL Zimt
1/2 TL Kakao
1/2 TL abgeriebene
Zitronenschale
40 g gemahlene Nüsse
130 g Zucchini

Zubereitung:

1. Das Backpapier für die Tontöpfe vorbereiten und beiseite legen. Die Töpfe am besten in einem Eimer mit kochendem Wasser übergießen und im Wasser stehen lassen.

2. Den Rost im Backofen in die unterste Schiene schieben. Den Backofen auf 190° C vorheizen, Heißluft auf 175° C, Gas Stufe 2.

3. Das Öl, den Zucker und die Eier mit den Schneebesen des Handrührgerätes auf höchster Stufen schaumig schlagen, bis sich der Zucker aufgelöst hat.

4. Das Mehl zusammen mit dem Backpulver in eine Schüssel sieben und zur Eiermasse geben. Den Kakao, das Salz, den Zimt, die Zitronenschale und die Nüsse ebenfalls hinzufügen und rasch zu einem glatten Teig rühren.

5. Die Zucchini waschen, die Enden abschneiden und mit der Schale fein raspeln. Zum Teig geben und mit einem Rührlöffel unterheben.

6. Die Tontöpfe aus dem Wasser nehmen und mit dem vorbereiteten Backpapier auslegen.

7. Den Teig gleichmäßig in die Tontöpfe füllen, diese in die Mitte auf den Rost des Backofens stellen und ca. 60 Minuten backen. Danach den Backofen ausschalten und die Kuchen weitere 30 Minuten darin stehen lassen. Die Töpfe herausnehmen und auf ein Kuchengitter stellen. Nach fünf Minuten die Kuchen mithilfe des Backpapiers herausheben, damit sie nicht feucht werden. Auf dem Kuchengitter abkühlen lassen. Danach vorsichtig das Backpapier abziehen.

TIPP:

Die Zucchini macht den Kuchen besonders saftig, bleibt aber nahezu geschmacksneutral.

2 Tontöpfe,
Durchmesser
ca. 15 cm,
Backpapier

Zutaten

Für den Teig:
100 g Margarine
150 g Zucker
6 Eier Größe M
100 g gemahlene Mandeln
150 g Mehl Type 405
300 g fein geriebene
Karotten

Zum Verzieren:
75 g weiße Kuchenglasur
gehackte Pistazienkerne

Zubereitung:

1. Das Backpapier für die Tontöpfe vorbereiten und beiseite legen. Die Töpfe am besten in einem Eimer mit kochendem Wasser übergießen und im Wasser stehen lassen.

2. Den Rost im Backofen in die unterste Schiene schieben. Den Backofen auf 180° C vorheizen, Heißluft auf 175° C, Gas Stufe 2.

3. Das Eigelb vom Eiweiß trennen. Das Eiweiß in eine fettfreie Schüssel geben und mit dem Schneebesen zu schnittfestem Schnee schlagen.

4. Die Margarine und den Zucker mit dem Schneebesen rühren, bis sich der Zucker aufgelöst hat. Nach und nach die Eigelbe und die Mandeln einrühren.

5. Das Mehl durchsieben, nach und nach zusammen mit den Karotten zügig in die Teigmasse geben und zu einem glatten Teig verrühren. Den Eischnee mit dem Rührlöffel unterheben.

6. Die Tontöpfe aus dem Wasser nehmen und mit dem vorbereiteten Backpapier auslegen.

7. Die Teigmasse gleichmäßig in die Töpfe verteilen und diese in die Mitte auf den Rost des Backofens stellen. Ca. 70 Minuten backen. Die Töpfe herausnehmen und auf ein Kuchengitter stellen. Nach fünf Minuten die Kuchen mithilfe des Backpapiers herausheben, damit sie nicht feucht werden. Auf dem Kuchengitter abkühlen lassen. Danach vorsichtig das Backpapier abziehen.

8. Die Kuchenglasur im heißen Wasserbad erwärmen und mit einem Kuchenpinsel direkt auf den Kuchen verteilen. Auf die noch flüssige Glasur die gehackten Pistazien streuen.

TIPP:
Eine sehr schöne Dekoration sind kleine Marzipan-Karotten, die man fertig kaufen kann. Die Kuchen komplett mit der Glasur überziehen und auf die Oberseite die kleinen Karotten setzen.

Sie brauchen:

10 Tontöpfchen,
Durchmesser
ca. 5 cm,
Backpapier

Zutaten

Für den Teig:
1/2 Päckchen Backmischung für
Hefeteig (500 g)
50 g rote, kandierte Kirschen
1 TL abgeriebene Zitronenschale
100 g gewürfeltes Zitronat
100 g gewürfeltes Orangeat
150 g Rosinen

Für die Zitronenbutter:
125 g weiche Butter
2 TL abgeriebene Zitronenschale
1 TL Zitronensaft
1 Prise Ingwerpulver
1 TL Zucker

Für die Honig-Mandel-Butter:
125 g weiche Butter
2 EL gemahlene Mandeln
1 TL gehackte Mandeln
1 TL Honig

Zubereitung:

1. Das Backpapier für die Tontöpfchen vorbereiten und beiseite legen. Die Töpfchen am besten in einem Eimer mit kochendem Wasser übergießen und im Wasser stehen lassen.

2. Den Rost im Backofen in die unterste Schiene schieben. Den Backofen auf 200° C vorheizen, Heißluft auf 175° C, Gas Stufe 2–3.

3. Die Rosinen waschen und in heißem Wasser einweichen. Die Backmischung nach Packungsanweisung zubereiten. Die Kirschen, die abgeriebene Zitronenschale, das Zitronat und das Orangeat fein hacken und mit den abgetropften Rosinen in den Teig kneten.

4. Die Tontöpfchen aus dem Wasser nehmen und mit dem vorbereiteten Backpapier auslegen.

5. Den Hefeteig in die 10 Töpfchen verteilen und an einem warmen Ort 30 Minuten gehen lassen. Danach die Oberfläche mit einem Messer kreuzförmig einritzen, die Töpfchen in den Backofen stellen und ca. 35 Minuten backen.

6. In der Zwischenzeit für die Butteraufstriche jeweils die Butter mit einem Schneebesen cremig schlagen, danach mit den weiteren Zutaten vermischen, in Schalen füllen und kühl stellen.

7. Nach Ablauf der Backzeit die Frühstücksbrote aus dem Backofen nehmen, 10 Minuten in den Töpfchen ruhen lassen, herausnehmen, das Backpapier entfernen und die Brote noch warm mit den Butteraufstrichen servieren.

TIPP:
Auch zu herzhaften Suppen schmeckt dieses süße Hefegebäck hervorragend.

Zutaten

Für den Teig:
1 kg Backmischung
Rustikales Vollkornbrot
700 ml lauwarmes
Wasser
30 g Mohn

Zubereitung:

1. Das Backpapier für die Tontöpfe vorbereiten und beiseite legen. Die Töpfe am besten in einem Eimer mit kochendem Wasser übergießen und im Wasser stehen lassen.

2. Den Rost im Backofen in die unterste Schiene schieben. Den Backofen auf 220° C vorheizen, Heißluft auf 200° C, Gas Stufe 4.

3. Die Backmischung in eine Schüssel geben, das Wasser dazugießen und mit den Knethaken des Handrührgerätes auf höchster Stufe ca. fünf Minuten zu einem glatten Teig kneten. Den Teig mit einem Tuch abdecken und an einem warmen Ort 30 Minuten gehen lassen.

4. Die Tontöpfe aus dem Wasser nehmen und mit dem vorbereiteten Backpapier auslegen.

5. Danach den Teig auf einer bemehlten Arbeitsfläche nochmals mit den Händen gut durchkneten. Den Mohn auf einen Teller schütten. Den Teig halbieren, zu Kugeln rollen, in den Mohn stippen und in die Tontöpfe geben. Wiederum mit einem Tuch abdecken und weitere 45 Minuten gehen lassen.

6. In den Backofen stellen und ca. 60 Minuten backen. Nach Ablauf der Backzeit aus dem Ofen nehmen, 10 Minuten in den Töpfen ruhen lassen, danach herausnehmen, das Backpapier entfernen und die Brote zum Abkühlen auf ein Kuchengitter setzen.

TIPP:
Eines der günstigsten Rezepte, um frisches Brot auf den Tisch zu bringen.
Für 0,80 Cent erhalten Sie zwei backfrische Brote zu je ca. 750 g. Der besondere Clou: Quer angeschnitten, erhalten Sie perfekt runde Brotscheiben.

Zutaten

Für den Teig:
500 g Vollkornmehl
1/2 Würfel frische Hefe
300 ml warmes Wasser
10 g Salz

Zubereitung:

1. Das Backpapier für die Tontöpfe vorbereiten und beiseite legen. Die Töpfe am besten in einem Eimer mit kochendem Wasser übergießen und im Wasser stehen lassen.

2. Den Rost im Backofen in die unterste Schiene schieben. Den Backofen auf 220° C vorheizen, Heißluft auf 200° C, Gas Stufe 4.

3. Das Mehl in eine Schüssel geben und in die Mitte eine Mulde drücken. Die Hefe hineinbröckeln und mit etwas lauwarmem Wasser anrühren, zugedeckt 20 Minuten gehen lassen.

4. Danach den Teig mit dem restlichen Wasser mithilfe der Knethaken des Handrührgerätes oder mit den Händen so lange durchkneten, bis ein glatter Teigkloß entsteht und sich vom Schüsselrand löst. Wiederum zudecken und weitere 30 Minuten an einem warmen Ort aufgehen lassen.

5. Die Tontöpfe aus dem Wasser nehmen und mit dem vorbereiteten Backpapier auslegen.

6. Den Teigkloß halbieren und in die Töpfe legen. Mit etwas warmem Wasser einpinseln, in den Backofen stellen und ca. 45–50 Minuten backen.

7. Nach Ablauf der Backzeit aus dem Ofen nehmen, 10 Minuten in den Töpfen ruhen lassen, danach herausnehmen, das Backpapier entfernen und die Brote zum Abkühlen auf ein Kuchengitter setzen.

TIPP:
Natürlich kann der Teig auch jederzeit mit Sonnenblumenkernen, Leinsamen oder verschiedenen Nüssen verfeinert werden.

Sie brauchen:

6 Tontöpfe,
Durchmesser
ca. 15 cm,
Backpapier

Zutaten

Für den Teig:

1 kg Backmischung
Vitalbrot
600 ml lauwarmes Wasser
200 g getrocknete
Aprikosen
125 g getrocknete
Cranberries

250 g getrocknete, ent-
steinte Datteln
200 g halbe Walnusskerne
200 g Rosinen
100 g gehackte Mandeln

Zubereitung:

1. Das Backpapier für die Tontöpfe vorbereiten und beiseite legen. Die Töpfe am besten
in einem Eimer mit kochendem Wasser übergießen und im Wasser stehen lassen.

2. Den Rost im Backofen in die unterste
Schiene schieben. Den Backofen auf 200° C
vorheizen, Heißluft auf 175° C, Gas Stufe 2.

3. Die Rosinen waschen und in warmem
Wasser einweichen.

4. Die Backmischung in eine Schüssel geben, das Wasser dazugießen und mit den
Knethaken des Handrührgerätes zuerst langsam, dann auf höchster Stufe kneten, bis sich
der Teig vom Schüsselrand löst. Den Teig mit
einem Tuch abdecken und an einem warmen
Ort 30 Minuten gehen lassen.

5. In der Zwischenzeit die Aprikosen grob
würfeln, die Rosinen abschütten und mit
einem Küchentuch trockentupfen. Danach
den Teig auf die bemehlte Arbeitsfläche
geben und die Aprikosenwürfel, die Rosinen,
die Walnusskerne, die Mandeln, die Cranberries und die ganzen Datteln in den Teig
kneten.

6. Die Tontöpfe aus dem Wasser nehmen
und mit dem vorbereiteten Backpapier
auslegen.

7. Den Teig in sechs gleich große Stücke
teilen und in die Tontöpfe geben. Die Oberfläche mit etwas Mehl bestäuben, wiederum
mit einem Tuch abdecken und weitere
45 Minuten gehen lassen.

8. In den Backofen schieben und ca. 60 Minuten backen. Nach Ablauf der Backzeit aus
dem Ofen nehmen, 10 Minuten in den Töpfen ruhen lassen, danach herausnehmen,
das Backpapier entfernen und die Brote zum
Abkühlen auf ein Kuchengitter setzen.

TIPP:

*Wenn man das hier angegebene Rezept
halbiert, kann in einem Durchgang
gebacken werden, da die herkömmlichen
Backöfen gerade mit drei Töpfen dieser
Größe befüllt werden können.
Früchtebrot ist ein besonders lange
haltbarer Klassiker.*

Sie brauchen:

6 Tontöpfe,
Durchmesser
ca. 9 cm,
6 Tontöpfe,
Durchmesser
ca. 7 cm,
Backpapier

Zutaten

Für den Teig:
500 g Backmischung
Vitalbrot
300 ml lauwarmes
Wasser
100 g Rosinen
50 g gehackte Mandeln

Zum Verzieren:
4 EL Mohn
4 EL Leinsamen
4 EL Cornflakes

Zubereitung:

1. Das Backpapier für die Tontöpfe vorbereiten und beiseite legen. Die Töpfe am besten in einem Eimer mit kochendem Wasser übergießen und im Wasser stehen lassen.

2. Den Rost im Backofen in die unterste Schiene schieben. Den Backofen auf 200° C vorheizen, Heißluft auf 170° C, Gas Stufe 2.

3. Die Rosinen waschen und in warmem Wasser einweichen.

4. Die Backmischung in eine Schüssel geben, das Wasser dazugießen und mit den Knethaken des Handrührgerätes zuerst langsam, dann auf höchster Stufe kneten, bis sich der Teig vom Schüsselrand löst. Den Teig mit einem Tuch abdecken und an einem warmen Ort 30 Minuten gehen lassen.

5. Danach den Teig auf die bemehlte Arbeitsfläche geben, die abgetropften Rosinen und die gehackten Mandeln gut unterkneten. 2/3 des Teiges für die 9-cm-Töpfchen verwenden, den Rest für die 7-cm-Töpfchen. Den Teig jeweils in 6 gleich große Stücke teilen und zwischen den Handflächen zu Kugeln rollen.

6. Die Tontöpfe aus dem Wasser nehmen und mit dem vorbereiteten Backpapier auslegen.

7. Mohn, Leinsamen und Cornflakes auf getrennte Teller schütten. Die Teigkugeln nach Belieben einstippen und in die Töpfchen geben. Wiederum mit einem Tuch abdecken und weitere 45 Minuten gehen lassen.

8. In den Backofen schieben und die 9-cm-Brötchen ca. 45 bis 50 Minuten backen, die 7-cm-Brötchen ca. 30 bis 35 Minuten. Nach Ablauf der Backzeit aus dem Ofen nehmen, 10 Minuten in den Töpfen ruhen lassen, danach herausnehmen, das Backpapier entfernen und die Brötchen noch warm mit Butter servieren.

TIPP:
Ihrer Fantasie werden hier keine Grenzen gesetzt. Zum Einstippen eignen sich auch Sesam, geröstete Mandelblättchen, Pinienkerne, Pistazien usw.

© 2004 SAMMÜLLER KREATIV GmbH

Genehmigte Lizenzausgabe
EDITION XXL GmbH
Fränkisch-Crumbach 2004
www.edition-xxl.de

Layout, Satz und Fotos: Mathias Weil
Foto Seite 59: California Walnut Commission
Foto Seite 75: Alberto

ISBN 3-89736-093-4